Made in the USA
Monee, IL
20 February 2022

91542480R00057